Elizabeth II

© Bridgeman

La reine d'un siècle

Le 8 septembre 2022, la reine Elizabeth II, âgée de 96 ans, s'est éteinte paisiblement dans son sommeil. La nouvelle de sa disparition a suscité une vive émotion au Royaume-Uni et dans le monde. En juin 2022, la souveraine célébrait, à Londres, ses 70 ans de règne, une ultime occasion pour les Britanniques de s'unir autour de leur reine et de faire la fête. Aucun autre souverain du royaume n'avait atteint une telle longévité sur le trône, pas même la reine Victoria (près de 64 ans de règne : 1837-1901). Dans le monde actuel où le principe de la monarchie est aboli presque partout en Europe, la personnalité très respectée d'Elizabeth II était pourtant un véritable gage d'unité et de stabilité.

AEDIS

UNE HEUREUSE RENCONTRE SENTIMENTALE

En juillet 1939, la princesse Elizabeth, âgée de 13 ans, fait la connaissance de Philip de Grèce, son cousin au troisième degré. Elle tombe aussitôt sous le charme de ce prince, de cinq ans son aîné, qui sert, dès le début de la guerre, dans les flottes de Méditerranée et du Pacifique. L'impétuosité mêlée de pudeur, l'originalité et la créativité de Philip séduisent la sérieuse et intelligente Elizabeth. Les jeunes gens s'échangent des lettres et poursuivent leur relation. En décembre 1943, Philip est invité à passer Noël avec la famille royale. Elizabeth n'a pas encore 17 ans, mais elle est déterminée à l'épouser contre l'avis de ses parents, qui la trouvent trop jeune pour s'engager. En juillet 1947, les fiançailles sont annoncées officiellement. Pour pouvoir épouser Elizabeth, Philip se convertit à la religion anglicane, renonce à ses titres grecs et danois et adopte le patronyme de son oncle maternel britannique. Il devient alors Philip Mountbatten et prend le titre de duc d'Édimbourg. Le mariage princier est célébré le 20 novembre 1947 à l'abbaye de Westminster. Pour permettre à des millions d'auditeurs et de téléspectateurs de suivre la cérémonie en direct, la chaîne de télévision BBC est autorisée à la filmer : une grande première ! Par la suite, Elizabeth devient quatre fois maman. Elle donne naissance à Charles en 1948, puis à Anne en 1950. Andrew vient au monde en 1960 et Edward en 1964.

Mariage d'Elizabeth et de Philip

ELIZABETH II ACCÈDE AU TRÔNE

En 1951, la santé de George VI décline. Victime du cancer du fumeur, le roi subit l'ablation d'un poumon. La princesse Elizabeth le remplace alors souvent dans ses obligations. Le 31 janvier 1952, elle s'envole avec Philip pour le Kenya, une étape précédant le voyage officiel qui doit les emmener en Nouvelle-Zélande et en Australie. Mais le 6 février, le roi meurt dans son sommeil. À peine arrivés en Afrique, le couple princier apprend l'accablante nouvelle. Très digne, Elizabeth garde le contrôle sur ses émotions. Outre la grande tristesse ressentie, elle doit désormais endosser de nouvelles responsabilités : à l'âge de 25 ans, elle est proclamée reine sous le nom d'Elizabeth II. Le 2 juin 1953, on célèbre son couronnement à l'abbaye de Westminster à Londres. Le monde entier assiste à l'événement via les caméras de la BBC, postées dans l'édifice religieux, qui le diffusent à la télévision et dans les cinémas. C'est le tout premier couronnement filmé ! Pas moins de trois millions de personnes se pressent dans les rues de la capitale britannique pour voir la reine et ses 7 500 invités défiler en procession. Elizabeth II est investie des deux sceptres, de l'anneau, de la croix et de la colombe. Après que l'archevêque de Cantorbéry a posé sur sa tête la couronne de St Edward, un joyau de 2,23 kilos (!), elle entend ses invités entonner en chœur par trois fois un puissant God Save The Queen ! (Dieu protège la reine). Le soir même, elle s'adresse à la nation.

Couronnement de la reine Elizabeth II

À LA CONQUÊTE DU MONDE

Peu de temps après son couronnement, Elizabeth entreprend, avec le prince Philip, un voyage de six mois à travers le monde. La reine souhaite avoir un contact direct avec la population des royaumes du Commonwealth. Partout, elle est accueillie à bras ouverts. Des Bermudes à l'Ouganda, en passant par les Fidji, Malte et Gibraltar, elle fait un parcours couronné de succès. En Nouvelle-Zélande, une foule immense rend hommage au couple royal. C'est la même chose en Australie, que la reine traverse d'est en ouest. Jamais ces deux pays n'avaient eu l'occasion de recevoir la visite de leur souverain. Dès le début de son règne, Elizabeth II annonce la couleur. Profondément tolérante, elle n'empêche en rien la décolonisation et soutient le Commonwealth, qui ne cesse de compter de plus en plus de membres.

Incroyable ! La reine Elizabeth est aujourd'hui le chef d'État qui a le plus voyagé dans l'histoire !

LA CRISE D'ABDICATION

Dès 1928, la santé de George V, le grand-père de Lilibet, se dégrade. En décembre 1935, il tombe sérieusement malade. Son état s'aggrave ensuite subitement. Le roi meurt le 20 janvier, à l'âge de 70 ans, entouré de sa famille. Le lendemain, la BBC diffuse la nouvelle de son décès à la radio. Edward, l'aîné des quatre fils de George V et l'oncle d'Elizabeth, est appelé légitimement à succéder à son père. Âgé de 42 ans, il est célibataire et ses nombreuses liaisons amoureuses avec des femmes mariées lui portent préjudice. Sous le nom d'Edward VIII, il accède au trône en janvier 1936. Charmeur et séducteur, il attire la sympathie, mais son côté rebelle et son refus du protocole inquiètent le gouvernement. Et plus encore, lorsqu'il annonce vouloir épouser l'Américaine Wallis Simpson, deux fois divorcée. Le Premier ministre, soutenu par le Parlement, s'oppose à cette union. Edward VIII, qui refuse d'y renoncer, abdique le 11 décembre 1936, avant même d'avoir été couronné. Son règne de 326 jours est l'un des plus courts de l'histoire de la monarchie britannique.

Edward VIII

LE NOUVEAU ROI GEORGE VI

Couronnement du roi George VI

Le jour de l'abdication d'Edward VIII, Albert, le père d'Elizabeth, accède au trône sous le nom de George VI. Timide et affligé d'un bégaiement depuis l'enfance, il ne s'est jamais projeté dans cette immense responsabilité et manque cruellement de confiance en lui. Le gouvernement redoute que sa grande discrétion, opposée au charme d'Edward VIII, ne nuise à sa popularité. En réalité, c'est tout le contraire qui se produit. L'équilibre et la stabilité du nouveau roi séduisent. Son courage et son engagement lors de la Seconde Guerre mondiale rassurent. Le couronnement de George VI a lieu le 12 mai 1937 à l'abbaye de Westminster. Les jeunes princesses Elizabeth et Margaret suivent avec attention les étapes du sacre. Peu après, le roi, la reine et les princesses font le tour de la Grande-Bretagne afin d'aller se présenter à leurs compatriotes. George VI, son épouse et ses deux filles deviennent bientôt le symbole de la famille parfaite.

FUTURE HÉRITIÈRE DU TRÔNE

Alors âgée de dix ans, Elizabeth, premier enfant de George VI, prend brutalement conscience qu'elle sera un jour propulsée à la tête de la monarchie britannique. Ce n'est pourtant pas dans l'ordre des choses. Si Edward VIII, son oncle, avait eu une descendance ou conservé la couronne, jamais elle n'aurait été sur les rangs des héritiers du trône. Elle commence alors à participer aux activités royales, assiste à des réceptions et doit se conformer à la rigidité du protocole. Emménager dans l'immense et grandiose Buckingham Palace avec sa famille ne l'enthousiasme guère, mais elle n'a pas le choix. Elle est désormais sous les feux des projecteurs, et la foule est à l'affût des moindres faits et gestes des deux princesses.

Le saviez-vous ? Ce sont les incidents de parcours de l'histoire de la royauté britannique qui ont permis à Elizabeth d'accéder au trône.

UNE PRINCESSE ENGAGÉE

Au début de la Seconde Guerre mondiale, la reine refuse de partir se réfugier au Canada avec ses filles. Elle n'envisage pas une seconde d'abandonner son époux, George VI, en Angleterre. Le 12 octobre 1940, la jeune Elizabeth, âgée de 14 ans, prononce son premier discours au micro de la BBC. Elle souhaite apaiser les enfants. Ses apparitions publiques se multiplient. Elle doit montrer l'exemple. En 1942, la princesse est nommée colonelle honoraire des grenadiers. Deux ans plus tard, elle passe la garde en revue au côté de son père. Au début de l'année 1945, elle rejoint l'armée de réserve comme mécanicienne et conductrice de camion. Elle porte alors le matricule 230873. Les journalistes la photographient en uniforme, une clé à molette à la main ou en train de changer un pneu. Au terme de six semaines d'entraînement, on lui accorde le permis de conduire. Le 8 mai 1945 annonce la fin de la guerre. La famille royale s'avance sur le balcon de Buckingham pour saluer la population qui vient l'acclamer. Les princesses sont même autorisées à se mêler anonymement à la foule pour participer à la joie collective.

Discours d'Elizabeth au micro de la BBC. Sa sœur, Margaret, est à ses côtés.

LE RÔLE DE LA REINE

Reine d'Angleterre, mais aussi reine d'Écosse, du Pays de Galles et d'Irlande du Nord, Elizabeth II est le chef du Commonwealth, une organisation intergouvernementale composée de 56 États membres étant, pour la plupart, d'anciennes colonies britanniques : Barbade, Canada, Nouvelle-Zélande, Bahamas, Australie... Elle est également la souveraine de 14 de ces États, appelés royaumes du Commonwealth. Sur le papier, Elizabeth II est, comme notre président français, chef des armées du Royaume-Uni. Elle nomme le Premier ministre, mais ne le choisit pas, car il est élu par le Parlement. En théorie, elle peut influer sur la vie politique du pays, mais très soucieuse de son indépendance, elle ne s'exprime jamais en faveur d'une loi ou de l'un ou l'autre des partis. La reine tient à son impartialité. En résumé, elle règne, mais ne gouverne pas. En revanche, elle se tient informée, dans le détail, des affaires du monde et des pays dont elle est la souveraine. Elle est également le chef de l'Église anglicane.

UNE MONARCHIE PAS SI ANGLAISE

Le roi George V

Chose étonnante, la monarchie britannique a vu défiler nombre de dynasties aux origines étrangères. Il faut remonter au XIe siècle pour voir régner les derniers souverains anglais « pure souche ». La couronne britannique passe ensuite entre les mains de rois Normands (Guillaume le Conquérant), français (les Angevins, avec Henri II Plantagenêt), écossais (les Stuart), allemands (les Hanovriens et les Saxe-Cobourg), etc. La famille royale actuelle, descendante des Saxe-Cobourg, adopte, en 1917, le nom Windsor, sous George V, en raison des sentiments antigermaniques liés à la Première Guerre mondiale.

ENFANCE D'UNE PRINCESSE

Naissance d'Elizabeth

La princesse Elizabeth Alexandra Mary voit le jour le 21 avril 1926 dans le bel hôtel particulier de ses grands-parents maternels, à Londres. Son père, le prince Albert, duc d'York, est le deuxième fils du roi George V et de la reine Mary. Il donne à sa fille le prénom Elizabeth en hommage à son épouse Elizabeth Bowes-Lyon, la duchesse d'York, dont il est très épris. C'est une première grossesse et l'accouchement est difficile. Les trois gynécologues présents sont contraints de procéder à une césarienne. Elizabeth est une enfant souriante et choyée ; les jouets, les poupées et les livres ne manquent pas. L'affection et la tendresse non plus, car ses parents l'élèvent dans un cocon. Sa nounou, Clara Knight, surnommée Alah, est aux petits soins. Le roi George V et la reine Mary, si stricts et distants avec leurs propres enfants, fondent devant leur adorable petite-fille. Âgée de moins d'un an, Lilibet, comme on la surnomme, leur est d'ailleurs confiée pendant six mois. Le prince Albert et son épouse Elizabeth sont alors contraints d'entreprendre un long voyage officiel en Australie et en Nouvelle-Zélande. Les grands-parents profitent de ces moments précieux avec la petite Elizabeth. En août 1930, la duchesse d'York donne naissance à une seconde fille, Margaret Rose (1930-2002). Désormais, Lilibet a une petite sœur, qui devient bientôt sa meilleure compagne de jeu. Les enfants suivent l'école à la maison sous la houlette de précepteurs et de gouvernantes. Leur vie est réglée comme du papier à musique. Elles reçoivent beaucoup d'affection, mais on leur inculque aussi certains principes qui forgent également leur personnalité. Les deux sœurs sont très différentes : autant Margaret est espiègle et joyeuse, autant Elizabeth est introvertie et sérieuse.

Elizabeth et Margaret

LES PASSIONS DE LA REINE ELIZABETH

Les corgis, des chiens bas sur pattes dont la tête ressemble à celle du renard, sont depuis toujours les compagnons préférés de la reine. Elle a 7 ans quand son père ramène à Buckingham Palace Dokie, un chiot attachant et plein d'énergie. Mais c'est Susan, le cadeau offert pour ses 18 ans, qui remporte tous les suffrages et ne quitte plus Elizabeth d'une semelle ! Elle participe même à sa lune de miel, en 1947. La petite chienne est la première d'une longue lignée (une trentaine de corgis), qui s'éteint malheureusement en avril 2018 à la mort de Willow. D'autres corgis prennent alors la relève... Élevés comme des rois, ces inséparables compagnons ont droit à leur propre « chambre » dans chacune des résidences de la reine. Des paniers en osier surélevés, pour éviter les courants d'air, leur servent de lits. À 17 heures pétantes, un maître d'hôtel leur sert un menu à base de viande hachée et de plantes homéopathiques. Mais c'est la reine en personne qui les nourrit l'un après l'autre, du plus âgé au plus jeune ! Excellents chiens de garde, les corgis veillent sur leur maîtresse. Leurs aboiements sont retentissants et leurs morsures parfois mémorables !

Elizabeth II en couverture du magazine Woman's Own, 1950

LES CHEVAUX : UN VRAI DADA

L'autre passion qui anime Elizabeth, ce sont les chevaux. Et elle ne date pas d'hier ! Lilibet prend ses premières leçons d'équitation dès l'âge de 3 ans. Un an plus tard, son grand-père, le roi George V, lui offre sa première ponette Shetland du nom de Peggy. Elle apprend à s'en occuper, à la nourrir et à la monter. La reine Elizabeth veille de près sur les écuries royales. C'est son domaine réservé. Elle contrôle tout, de la naissance des poulains qu'elle baptise elle-même au choix des jockeys, en passant par l'alimentation des animaux. Cavalière expérimentée adorant les balades, la reine est aussi une amoureuse de courses hippiques et manque rarement de faire concourir ses propres chevaux. Elle compte 1 600 victoires à son palmarès ! Les champs de courses sont le seul endroit où elle laisse libre cours à son enthousiasme, sa trépidante impatience et à sa joie.

UNIQUE EN SON GENRE !

À voir la reine si haute en couleur, on en oublie le côté classique de ses tenues (tailleurs jupes, robes aux formes sages). Le jaune, le rose, le vert flashy et le bleu lui valent le surnom de « reine arc-en-ciel », un style qui n'appartient qu'à elle. Les couleurs vives et les chapeaux, typiquement anglais, aux formes originales, auraient pourtant une motivation stratégique : la reine doit être vue de loin par la foule qui s'est déplacée, parfois des quatre coins du monde, rien que pour l'entrapercevoir et la saluer. Au château de Windsor, notamment, lorsque la reine passe ses week-ends à la campagne, elle troque ses tenues colorées contre des vêtements confortables et pratiques en velours ou en tweed, un inséparable foulard noué autour de la tête.

Le saviez-vous ? Au regard des pièces de monnaie et des billets de banque sur lesquels il figure, le visage d'Elizabeth II est le plus reproduit au monde !

LE MARIAGE HOULEUX DE CHARLES ET DIANA

Mariage de Charles et Diana

Le 29 juillet 1981, le prince Charles, héritier de la couronne, âgé de 33 ans, épouse Lady Diana Spencer, une jeune aristocrate de 20 ans. L'union est arrangée pour remédier au célibat de Charles. Diffusé en direct à la télévision, le somptueux « mariage du siècle » fait rêver des millions de téléspectateurs. Après la naissance des deux princes, William, en 1982, et Harry, en 1984, le couple commence à battre de l'aile. Charles renoue avec Camilla Parker-Bowles, un amour de jeunesse, et Diana sombre dans la dépression. Plus que jamais, la presse est à l'affût du moindre scandale touchant la famille royale. Et Diana s'y prête volontiers en révélant publiquement ses difficultés conjugales. Pour Elizabeth, qui tient avant tout à sauver la face afin de préserver l'image des Windsor, le choc est rude.

1992 : ANNUS HORRIBILIS

L'année 1992 qualifiée par la reine elle-même d'*Annus horribilis* (année catastrophique) lui réserve de nombreuses déconvenues. Diana publie une autobiographie dénonçant l'état de son mariage reposant sur des mensonges et des trahisons, une manière de déclarer la guerre à Charles. Le couple se sépare alors. Le divorce mettra un terme à cette union en 1996. Mais ce n'est pas tout : la même année, le prince Andrew se sépare de son épouse Sarah Ferguson et la princesse Anne divorce de Mark Phillips. Elizabeth voit, impuissante, sa famille voler en éclats et régaler la presse à scandale. L'année 1992 s'achève sur un autre désastre : une partie du château de Windsor et sa chapelle partent en fumée. Très attachée à cette propriété, située à 40 km de Londres, où elle passe ses week-ends, Elizabeth est profondément affligée.

Le prince Charles, la princesse Diana et la reine Elizabeth II

LA MODERNISATION DE L'INSTITUTION ROYALE

Elizabeth II et la reine mère aux funérailles de la princesse Diana

En 1997, la mort dans un accident de voiture de la princesse Diana, au côté du producteur de cinéma Dodi Al-Fayed, sous le pont de l'Alma, à Paris, alors qu'ils sont traqués par des paparazzi, plonge le monde entier dans la stupeur, mais la reine reste impassible. Les Britanniques sont choqués par son attitude. Raisonnée par Tony Blair, son Premier ministre de l'époque, Elizabeth s'adresse alors à son peuple dans une allocution télévisée exceptionnelle où elle fait l'éloge de la princesse. En signe de respect, elle va même jusqu'à incliner la tête devant le cercueil, le jour de ses funérailles. Son peuple est prêt à tout lui pardonner. La reine comprend enfin que son éternelle maîtrise d'elle-même doit laisser la place aux émotions. Quelques années plus tard, elle ouvre un site Internet officiel, ainsi que des comptes Facebook, Instagram et Tweeter où elle communique plus volontiers. En 2020, elle parvient même à faire bonne figure lors du départ houleux pour les États-Unis de Harry, son petit-fils, et de son épouse Meghan Markle, renonçant à leur rôle au sein de la famille royale. Le 9 avril 2021, Philip, son cher époux, victime de problèmes de santé sérieux depuis plusieurs années, décède au château de Windsor, après plus de 70 ans de vie commune. C'est une nouvelle épreuve que la reine doit traverser.

Harry et Meghan

LES OBLIGATIONS D'ELIZABETH II

En tant que chef d'État, Elizabeth assure toutes les obligations protocolaires : une fois par an, elle ouvre la session du Parlement en lisant le discours rédigé par le Premier ministre (discours du trône), annonçant les mesures proposées par le gouvernement. C'est l'une des fonctions royales les plus importantes. La reine assure également les déplacements officiels à l'étranger, les réceptions de chefs d'État, les inaugurations diverses aux quatre coins du pays et représente la nation dans les grandes occasions. Elle reçoit son Premier ministre une fois par semaine, mais leurs échanges sont tenus au plus grand secret. En tant que chef de l'Église anglicane, elle nomme les ecclésiastiques sur l'avis du Premier ministre. En outre, elle symbolise l'unité du Commonwealth. Par ailleurs, la famille royale constitue un atout touristique majeur pour son pays.

La reine Elizabeth aux côtés du prince Charles, son fils aîné, lors de l'ouverture de la session du Parlement en 2021

ELIZABETH II ET SES PREMIERS MINISTRES

La reine en présence de Margaret Thatcher

La reine a côtoyé 15 Premiers ministres britanniques. Elle s'en remet pleinement à Winston Churchill (1951-1955), le premier d'entre eux, qui contribue à la former à son métier de reine. Avec les autres, les rapports sont plus ou moins cordiaux, mais Elizabeth se doit de rester neutre pour maintenir l'unité des Britanniques. Tout au plus laisse-t-elle fuser quelques pointes d'humour qui en disent plus long que des déclarations. Les relations, assez tendues avec la libérale Margaret Thatcher, finissent par s'apaiser et tendre vers un vrai respect mutuel.

ELIZABETH II ET LA FRANCE

Elizabeth II et le général de Gaulle

La reine aime la France, sa culture, ses paysages, son champagne et ses haras. Elle parle un français parfait appris dès l'enfance. Elle a rencontré dix présidents français, de René Coty à Emmanuel Macron. Pendant ses deux mandats, François Mitterrand l'a côtoyée à plusieurs reprises, notamment lors de la création de l'Union européenne, en 1992, et de l'inauguration du tunnel sous la Manche, en 1994, des moments forts pour les deux nations.

Le saviez-vous ? De son vivant, le prince Philip devait toujours marcher deux pas derrière la reine.

LES PREMIÈRES DIFFICULTÉS FAMILIALES

Princesse Margaret

Mère de quatre enfants, grand-mère et arrière-grand-mère, Elizabeth est également chef de famille. Dans ce domaine, les difficultés jalonnent son parcours, et la presse s'en empare allègrement, à commencer par la liaison avec un homme divorcé et père de famille qu'entretient sa sœur cadette, Margaret, dès 1953. Très éprise de Peter Townsend, l'ancien écuyer de George VI, Margaret souhaite l'épouser. Mais en tant que chef de l'Église anglicane et malgré la grande affection qu'elle porte à sa sœur, la reine est contrainte de s'y opposer : l'Église condamne alors le remariage de personnes divorcées. Aussitôt, la presse, émue par le jeune couple, prend le parti de Margaret. Mais celle-ci doit renoncer au mariage sous peine de perdre son statut royal. La relation entre les deux sœurs se détériore. En 1960, Margaret épouse finalement le photographe Antony Armstrong-Jones, anobli par la reine (comte de Snowdon), dont elle a deux enfants. Malheureusement, le couple se déchire, Margaret traverse une grave dépression et finit par divorcer en 1978. Là encore, la presse en fait ses choux gras.

LA SUCCESSION

La reine Eliz[illegible]éparait sa succession depuis plusieurs années [illegible] Camilla (son épouse depuis 2005) est [illegible] En proie à des soucis de santé, la reine, âgée, déléguait à Charles de plus en plus de responsabilités. Longtemps critiqué et dévalorisé par la presse après la mort de Diana, celui-ci a su pourtant prendre sa place dans le cœur des Britanniques, notamment en manifestant son engagement dans l'écologie et l'éducation des jeunes défavorisés. Elizabeth II impliquait également dans les affaires royales son petit-fils, le prince William, fils aîné du prince Charles et de Diana, qui occupe désormais la première place dans l'ordre de succession au trône. En mai 2022, William accompagnait même son père lors de la traditionnelle session d'ouverture du Parlement. Charles était alors chargé de remplacer la reine, souffrante. Après avoir traversé bien des épreuves et des tempêtes médiatiques, la famille royale, gérée de main de maître par la reine Elizabeth, jouit d'une cote de popularité inégalée. Elle maintient plus que jamais la cohésion du peuple britannique, dans une période troublée par les crises sanitaire et économique.

LES DATES IMPORTANTES

- **21 avril 1926 :** naissance d'Elizabeth.
- **21 août 1930 :** naissance de la princesse Margaret, la sœur d'Elizabeth.
- **20 janvier 1936 :** mort de George V, le grand-père d'Elizabeth. Edward VIII, l'oncle d'Elizabeth, accède au trône.
- **11 décembre 1936 :** abdication d'Edward VIII. Le père d'Elizabeth accède au trône sous le nom de George VI.
- **12 mai 1937 :** couronnement de George VI.
- **12 octobre 1940 :** premier discours d'Elizabeth au micro de la BBC.
- **Juillet 1939 :** rencontre d'Elizabeth avec le prince Philip de Grèce.
- **Juillet 1947 :** fiançailles du couple princier.
- **Novembre 1947 :** mariage du couple princier.
- **14 novembre 1948 :** naissance du prince Charles.
- **15 août 1950 :** naissance de la princesse Anne.
- **6 février 1952 :** mort de George VI. Elizabeth II accède au trône.
- **2 juin 1953 :** couronnement de la reine Elizabeth II.

Pièce d'une livre sterling, 1987, îles Falkland

- **19 février 1960 :** naissance du prince Andrew.
- **10 mars 1964 :** naissance du prince Edward.
- **29 juillet 1981 :** mariage du prince Charles et de Lady Diana Spencer.
- **1992 :** ***Annus horribilis*** **:** le prince Andrew se sépare de son épouse ; la princesse Anne divorce ; Diana publie une autobiographie dénonçant l'état de son mariage ; incendie du château de Windsor.
- **1996 :** le prince Charles et Diana divorcent.
- **31 août 1997 :** mort de Diana.
- **9 février 2002 :** mort de la princesse Margaret, la sœur de la reine.
- **19 mai 2018 :** mariage du prince Harry, petit-fils d'Elizabeth, et de l'actrice américaine Meghan Markle.
- **31 mars 2020 :** le prince Harry renonce à ses fonctions royales.
- **9 avril 2021 :** mort du prince Philip, l'époux de la reine.
- **Juin 2022 :** jubilé de platine célébrant les 70 ans de règne d'Elizabeth II.
- **8 septembre 2022 :** mort de la reine.

ISBN 978-2-38148-112-8
9 782381 481128

Texte : Marie Nicolas - Photographies : Shutterstock, Bridgeman
Dépôt légal : 3e trimestre 2022
PRINTED IN FRANCE